불교의식음악 악보 III

Score of Buddhist Ritual Music III

【 관욕의식 】

부록 CD 영산재 관욕의식 음반

불교의식음악 악보 III 【 관욕의식 】

Score of Buddhist Ritual Music III

법현 法顯

운주사

*본 저서는 교육과학기술부 2007년 인문학 저술사업 G00005에 의해 이루어짐.

범패 악보 일러두기

〈악보 기보에서의 참고사항〉

1.  (태징에서) 뒤쪽을 막고 치는 기법.

2.  음표 1(소리에서) 음정이 불분명한 경우 기보법.

3.  음표 1(소리에서) 떠는 음.

4. 타악기가 두 가지 이상이 나올 경우, 태징은 위에 기보하고 북은 아래에 기보하였다.

〈독보시의 참고사항〉

기본적으로 우리의 음악을 서양의 어법(오선보)에 의해 채보를 하는 과정에서의 문제인데, 필자는 기존의 채보 방식과 상당히 다른 방식으로 접근하였으므로 필자의 관점이 다른 사람들의 관점과 상이할 가능성이 높기 때문에 아래의 사항들에 특별히 유의한다.

1. 채보에 있어 박(Beat)을 가급적 정확하게 기보하려고 노력하였으나, 구전만으로 내려오는 음악의 특성상 정확한 박으로 기보를 하기 어려운 면이 있다. 특히

초반에 느렸다가 뒤로 가면서 점차적으로 빨라지는 특성이 있는데다가 같은 것이 반복될 때엔 똑같이 반복되는 것이 아니라 어떤 곳에서 이전 부분과 다르게 된다는 점이 상당히 어려웠다. 따라서 기계적으로 100% 정확한 박에 의한 기보가 어려운 만큼, 기본적으로는 정확한 박으로 채보하지만, 음악적 상황(단락, 숨 쉬는 곳, 음악적 흐름 등의 종합적인 면)에 따라 판단하여 쉼표가 짧은데도 다른 곳과 동일하거나 비슷한 길이의 쉼표로 기보하는 등 다소 유동적으로 기보되었다.

2. 메트로놈 기호는 채보할 때 들었던 음반에서 연주한 빠르기에 근거하여 구형 메트로놈(버튼으로 조절할 수 있는 전자식이 아닌 추에 의해 움직이는 메트로놈)에 기재된 숫자 중에서 음반에서 연주된 빠르기에 가장 근접하거나 비슷한 숫자로 기보되었다. 그렇게 기재한 이유는 통상적으로 전자 메트로놈에서만 가능한 숫자(예를 들어 80~88사이의 숫자)나 소수점 숫자(예를 들어 60.5와 같은 기재)를 기보하지 않으며, 같은 60이라도 연주시의 빠르기에 관해서는 연주자마다 다소 차이가 있기 때문이다.

3. 리듬을 기보하는 데 있어서 가급적 표기의 정확성을 기하려고 최대한 노력하였으나, 구전으로 전해지는 음악을 채보할 때 리듬의 길이나 형태 등이 연주자마다 다소 상이한 것으로 판단되어 그 형태가 명확하지 않기 때문에, 그럴 경우 한 곡의 빠르기와 기준점 등에 근거하여 가장 근접한 음길이를 선택하여 기보하였다. 그리고 보통 국악계에서는 꾸밈음으로 처리하는 긴 음 앞의 빠른 잔음들을 여기에서는 박자 안에서, 그리고 제 음표들로 기보하였는데, 우리 음악에서의 그러한 음들을 서양의 꾸밈음과 동일한 방식으로 생각해서는 안 되기 때문이다. 서양의 꾸밈음이라는 것은 꾸미는 음이 중요하지 않고 본음이 중요한 장식적 요소인데 반해, 우리 음악에서는 비슷하다고 생각했던 음들이 사실 더 중요한 요소로 작용하기 때문이다(윤이상의 음악에서 그것을 확인할 수 있다). 따라서 대부분의 음들을 큰 음표로 박자에 포함하여 기보하였다. 다만 그것을 표현하는 방식은 악곡마다 약간의 차이가 있다. 예를 들어 영산재 시련의식 중 나비춤 반주곡의 한 부분(5

분 55초 부분)을 도표로 비교하면 다음과 같다.

1) 관행적 기보법에 의한 기보

2) 필자의 기보법에 의한 기보

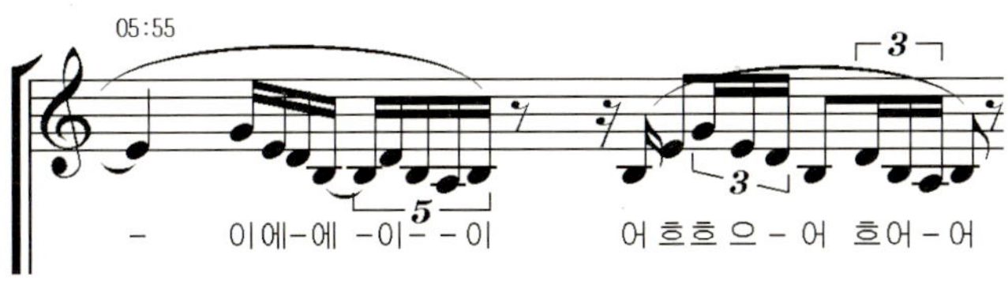

4. 음(pitch)의 기보에 있어서도 서양의 평균율과 다른 음을 서양의 오선보에 옮기는 것이 생각만큼 쉽지 않았다. 따라서 모든 음을 100% 정확한 음으로 기보할 수 없으므로, 가급적 가장 가까운 평균율 음을 선택하여 기보를 하였다. 또한 비슷한 음이라도 어떤 곡에서는 ♭(내림표)으로 기보하기도 하고 어떤 곳에서는 ♮(제자리표)로 표기하기도 하는데, 보통 국악계에서는 국악곡을 채보하거나 새로 작곡할 때 이미 ♭(플랫)을 붙이는 조성으로 쓰는 것이 관행화되어서 지금도 그렇게 쓰고 있지만, 본인은 이와는 다르게 조표를 없애고 각각의 음을 임시표로 처리하는 방향으로 채보하였다. 어떤 경우에는 ♭(내림표) 음처럼 부르다가 어떤 경우에는 ♯(올림표) 음처럼 부르는 등 약간의 유동적인 경우가 다소 있기 때문이다. 우리 음악은 서양의 평균율과 같은 절대적인 음으로 연주되는 것이 아니기 때문에, 본 악보를 보면서 음악을 들을 때 이러한 사항을 감안하였으면 한다.

5. 이 악보에서 나오는 이음줄은 소리가 숨을 쉬기 전까지 한 숨으로 부르는 단위를 말하며, 대체로 쉼표로 쉼을 구분하였지만, 좀 더 정확한 표현을 하기 위해 이

음줄을 표시하였다(아래 예시 참고).

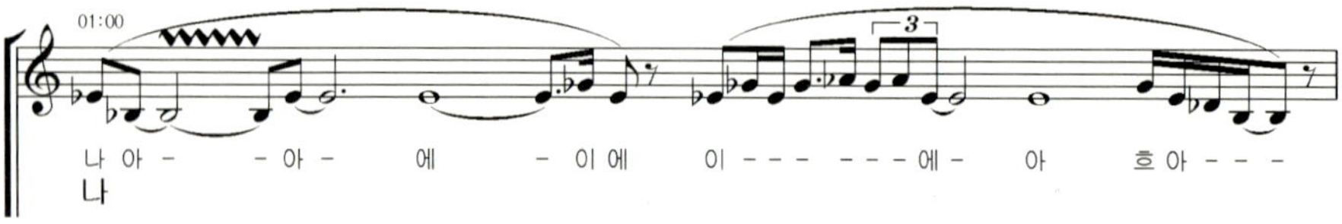

※한국의 범패 시리즈 10, 영산재 관욕의식, 아세아음반 발매 2008.7.20.
범패: 법현, 채보: 김황식, 악보감수: 법현, 교정: 채혜련

영산재 관욕의식

Yeongsanjae Gwanyok

- Korean Buddhist Music by POP HYUN

01 인예향욕(Inyehyangyuk)

소리-법현(Pophyun) 1.36"

02 신묘장구대다라니(Sinmoujangkudaedalani) & 정로진언(Jungrojinon)

소리, 징-법현, 북-효성(Hyuosung), 4.26"

03 가지조욕(Gajijoyuk)

소리-법현(Pophyun) 1.38"

04 입실게(Eipsilge) & 목욕진언(Mokyukjinon)

소리-법현(Pophyun) 1.31"

05 관욕쇠(Gwanyukshai)

바라춤 반주·소리·징-법현-(Pophyun), 북-효성(Hyuosung), 호적-심진(Simjin) 5.59"

06 작양지진언(Jakyangjijinon) & 수구진언(Sugujinon) & 세수면진언(Sesumynjinon)

소리-법현(Pophyun) 2.24"

07 가지화의(Gajihwaiwui)

소리-법현(Pophyun) 2.07"

08 화의재진언(Hwawuijaejinon) 바라춤 반주(I)

소리·징-법현(Pophyun), 북-효성(Hyuosung) 1.04"

09 화의재진언(Hwawuijaejinon) 바라춤 반주(II)

징-법현(Pophyun), 북-효성(Hyuosung), 호적-심진(Simjin) 0.49"

10 제불자(Jebulja)

소리-법현(Pophyun)1.05"

11 수의진언(Suwuijinon) & 착의진언(Chakwuijinon) &

정의진언(Jungwuijinon)

소리-법현(Pophyun) 2.03"

12 출욕참성(Chulyukchamsun)

소리-법현(Pophyun) 1.06"

13 지단진언(Jidanjinon) & 산화락(Sanhwarak) & 인성(Insung)

소리-법현(Pophyun) 1.51"

14 인성(Insung) (나무대성인로왕보살마하살)

소리-법현(Pophyun) 5.36"

15 정중게(Jungchunge) & 개문게(Gaemunge)

소리-법현(Pophyun) 0.52"

16 가지예성(Gajiyaesun)

소리-법현(Pophyun) 1.19"

17 보례삼보(Boresambo)

소리-법현(Pophyun) 0.59"

18 제불자 행봉성회(Jebuljaheangbongsunghe)

소리-법현(Pophyun) 0.32"

19 법성게(bupsungge)

소리-법현(Pophyun) 1.26"

20 괘전게(Kejunge)

소리-법현(Pophyun) 0.37"

21 수위안좌(Suwyiyanja)

소리-법현(Pophyun) 0.52"

22 안좌게(anjage) & 수위안좌진언(Suwyianja) & 다게(Dage)

소리-법현(Pophyun) 1.45"

23 짓소리(Jieksoli)-거령산(Georyeongsan)

소리-법현(Pophyun) 6.51"〈총 48:38 〉

관욕의식은 불·보살전에 나아가기 앞서 영혼에게 깨달음의 법을 일러주는 의식 음악이다.

1. 인예향욕(引詣香浴)〈안채비 편계성〉

"상래이빙 불력법력 삼보위신지력 소청인도 일체인륜 급 무주고혼 계유정등 중 기계도량 대중성발 청영부욕"

2. 신묘장구대다라니(神妙章句大陀羅尼)〈평염불, 대중창〉/정로진언(淨路眞言)〈대중창〉

"옴 소싯디 나자리다라 나자리다라 모라다예 자라자라 만다만다 하나하나훔 바탁(3번) 일종위배본심왕 기입삼도역사생 금일척제번뇌염 수연의구자환향"

3. 가지조욕(加持操浴)〈안채비 편계성〉

"상부 정 삼업자 무월호징심 결만물자 막과호청수 시이 근엄욕실 특비향탕 희일탁어진노 획만겁지 청정 하유목욕지게 대중수언후화"

4. 입실게(入室偈)/목욕게(沐浴偈)〈평염불〉

"아금이차향탕수 관욕고혼급유정 신심세척영청정 증입진공상락향"

목욕진언(沐浴眞言)〈법주 독창〉"옴 바다모 사니사 아모까 아레훔(3번)"

5. 관욕쇠〈바라무 관욕쇠 태징〉

6. 작양지진언(爵楊枝眞言)〈법주 독창〉 "옴 바아라하 사바하(3번)"

수구진언(漱口眞言)〈법주 독창〉 "옴 도도리 구로구로 사바하(3번)"

세수면진언(洗手面眞言)〈법주 독창〉 "옴 사만다 바리 숫제훔(3번)"

7. 가지화의편(加持化衣篇)〈안채비 편게성〉

"제불자 관욕기주 신심구정 금이여래 무상비밀지언 가지명의 원차일의 위다의 이다의 위무진지의 영칭신형 불장불단불착 불관 승전소복지의 변성해탈지복 고오불여래 유화의재 다라니 근당선념"

8. 화의재진언(化衣財眞言)바라 반주(I)〈법사 독창〉

"나무사만다 못다남 옴 바자나 비로기제 사바하(3번)"

9. 화의재진언 바라(II)

10. 제불자 지주기주 운운〈諸佛者 持呪旣周 云云〉

"제불자 지주기주 화의사편 무의자 여의복예 유의자 기고환신 장예정단 선정복식"

11. 수의진언(授衣眞言)〈법주 독창〉 "옴 바리마라 바바아리니 훔(3번)"

착의진언(着衣眞言)〈법주 독창〉 "옴 바아라 바사세 사바하(3번)"

정의진언(整衣眞言)〈법주 독창〉 "옴 사만다 바다라나 바다메 훔 박(3번)"

12. 출욕참성(出浴參聖)〈법주 독창〉

"제불자 기주복식 가예단장 예삼보지자존 청일승지, 묘법 청이향욕 당부 정단 합장전심 제보전진"

13. 지단진언(指壇眞言)〈법주 독창〉 "옴 예이혜 베로자나야 사바하(3번)"

"법신변만백억계 보방금색조인천 응물현형담저월 체원정좌보연대"산화락(散花落)(3번)

14. 인성 "나무대성인로왕보살(引聖-南無大聖引路王菩薩)"(3번)〈짓소리〉

15. 정중게(庭中偈)〈법사 독창〉 "일보증부동 래향수운개 기도아련약 입실예금선"

개문게(開門偈)〈법사 독창〉 "권박봉미륵 개문견석가 삼예무상 유희법왕중"

16. 가지례성(加持禮聖)〈법주 독창〉

"상래위 명도유정 인입정단기경 금당례봉 삼보 부 삼보자 삼신정각 오교영문 삼현십성지존 사과이승지중 여등 기래법회 득부향연상 삼보지난봉 경 일심지신례 하유보례지게 대중수언후화"

17. 보례삼보(普禮三寶)

"보례시방상주 법신보신화신제불타 보례시방상주 경장율장논장제달마 보례시방상주 보살연각성문제승가"

18. 행봉성회 운운(幸逢聖會 云云)

"제불자 행봉성회 이례자존한우지심가발난조지상 청리단소 당부명연 동향진수 각구묘도"

19. 법성게(法性偈)〈대중창〉

20. 괘전게(掛錢偈) 제불대원경 필경 무내외 야양금일회 견목정상사

21. 수위안좌(受位安座)〈법주 독창〉

"제불자 상래승불섭수 장법가지 기무인계 이임연 원획소요이취좌 하유안좌지게 대중수언후화"

22. 안좌게(安座偈)

"아금의교설화연 차과진수열좌전 대소선위차제좌 전심체청연금언 옴 마니군다니 훔훔 사바하(3번)"

다게(茶偈) "백초림중일미신 조주상권기천인 팽장석정강심수 원사망영헐고륜 원사고혼헐고륜 원사제영헐고륜"

* 상기 영산재 진행 순서는 법현 저, 『불교음악 영산재연구』(운주사, 1997) 참조

23. 짓소리-거령산

영산재
관욕의식

1. 인예향욕

♩= 63
♩= 100
00:08
소리
(1옥타브 아래)
요령(위)
태징(아래)
인 예에 - - - - - - - 에 이- - 에이에
인 예
00:18
하 으- -아앙 요오- - - 후-오후옥 사앙라 흐아- -으아이 이-빙
향 욕 상 래 이 빙
00:32
부-울력 버-업력 삼-음보오 위신- 지이이- - - - -력 흐어흐 으- -어으억
불 력 법 력 삼 보 위 신 지 력
00:46
소오청 인-인도 이일체 인-인륜은 그흡- 무우주 고-오호온
소 청 인 도 일 체 인 륜 급 무 주 고 혼
00:59
계에 유우정 드으- - - -응주 오 후오우 후우오후웅 이-계
계 유 정 등 중 이 계
00:10
도오-랴앙 다아중 성엉바알 처엉-영 부우- - - - - -
도 량 대 중 성 발 청 영 부
♩= 72
욕 후오후 우-오 우오
욕
01:28

2. 신묘장구대다라니 & 정로진언

00:45
살 발 타 - 사 다 남 수 반 아 예 염 살 바 보 다 남 바 바 마 라 미 수
살 발 타 사 다 남 수 반 아 예 염 살 바 보 다 남 바 바 마 라 미 수 다 - 감 -
00:55
다 냐 타 옴 아 로 게 아 로 가 마 지 로 가 지 가
다 - 냐 타 옴 아 로 게 아 로 가 마 지 지 가 란 제
01:02
하 례 마 하 모 지 사 다 바 사 마 라 사 마 라 하 리
혜 - 하 례 마 모 지 사 다 바 사 마 라 사 마 라 하 리 - 나 야
01:10
구 로 구 로 갈 마 삿 다 야 삿 다 야 도 로 도 로 미 - 연 제 마 하 미 연
구 로 - 구 - 로 갈 마 삿 다 야 삿 다 야 도 로 도 로 마 하 - 미 연 제 -

01:20
다 라 다 라 다 린 나 레 새 바 라 자 라 자 라 마 라 미 마 라 아 - 마 라
다 라 다 라 다 린 나 레 새 바 라 자 라 자 라 마 라 미 - 마 - 라 아 - 마 라
물 제 예 혜 혜 로 게 새 바 라 라 아 미 사 미 나 사 야 - - 나 베 사 미
물 제 - 예 - 혜 혜 로 게 새 바 라 라 아 미 사 미 나 베 사 미 - 사 미
01:39
나 사 야 모 하 자 라 미 사 미 나 사 야 호 로 호 로 마 라 호 로 하 레 마 나
나 사 야 - 모 하 자 라 미 사 미 나 - 사 야 호 로 호 로 - - 마 - 라 호 로 하 레 마 나 마 - -
01:49
나 바 사 라 사 라 시 리 시 리 소 로 소 로 못 쟈 못 쟈 모 다
나 바 사 라 사 라 시 리 시 리 소 로 못 쟈 못 쟈 - 모 다 야

01:56
모 다 야 - 메 - 다 - 리 야 니 라 간 타 가 마 사 날 사 남 바 라 하 릿
01:56
모 다 야 - 메 - 다 - 리 야 니 라 간 타 가 마 사 - 날 사 남 바 라 하 릿 니 야 - -
02:05
마 낙 사 바 하 싯 다 야 사 바 하 마 하 싯 다 야 사 바 하 싯 다
마 낙 사 바 하 - - 싯 다 야 사 바 하 마 하 싯 다 싯 다 유 예 새 바 - 라 - - -
02:16
사 바 - 하 니 라 간 타 야 사 바 하 바 하 라 목 카 싱 하 목 카 야 - - 사 바 하
사 바 - 하 니 라 - 간 타 야 사 바 하 바 하 라 - 목 카 목 카 야 - - 사 바 하 -
02:26
바 나 마 핫 따 야 사 바 하 자 가 라 욕 다 야 사 바
바 나 마 - - - 핫 따 - 야 - - 사 바 하 자 가 라 사 바 하

02:33
상 카 섭 나 네 모 다 나 야 사 바 하 마 하 라 구 타 다 나 야 사 - 바 하 바 마
상 카 섭 - 나 네 - 모 다 나 야 사 바 하 마 - 하 라 구 타 다 - 나 야 사 바 하 바 마 사
02:44
간 타 이 - 사 시 체 다 가 릿 나 이 나 야 사 바 하 - - 야 가
간 타 이 - 사 시 체 다 - 가 릿 나 이 나 야 - 야 가 라
02:52
쟐 마 이 바 사 나 야 사 바 하 나 모 라 - 다 - 나 다 라 야 야 나 막 알 약 바 로
쟐 마 - 이 바 사 나 야 - - - 사 바 하 - - - 나 모 라 - 다 - 나 다 라 야 야 나 막 알 바 로 기 - 제
03:02
새 바 라 야 사 바 하 정 로 진 언 옴 소 실 지 나 자 리 다 라 나 자 리 다 라 모 라 다 예 자 라 - 자 라 만 다
새 바 라 야 사 바 하 정 로 진 언 옴 - 소 실 - 지 - 나 자 리 다 라 나 자 리 다 라 모 라 자 라 자 라 만 다 만 다

03:15
하 나 - 하 나 홈 바 탁 옴 소 실 지 나 자 리 다 라 나 자 리
하 나 하 나 홈 바 탁 옴 소 실 지 - 나 자 리 다 라 나 자 - 리
03:23
다 라 모 라 다 예 자 라 자 라 만 다 만 다 하 나 하 나 홈 바 탁
다 라 모 라 다 예 자 라 자 라 만 다 하 나 - 하 나 홈 바 탁 옴
03:30
소 실 지 나 자 리 다 라 자 리 다 라 - - 모 라
소 실 지 나 자 리 다 라 자 리 다 라 - - 모 라 다 - 예
03:37
rit.
자 라 자 라 만 다 만 다 하 나
자 라 자 라 만 다 만 다 하 나 - 하 나 - 홈 바 - 아 탁

♩ = 80
03:46
1.일 -종- 위 - -베 에 - - - -본 심 -왕 2.기 입 삼 도 오 - - - - -력 사 - 생
1.일 -종- 위 - -베 에 - - - -본 심 -왕 2.기 입 삼 도 오 - - - - -력 사 - 생

04:04
3.금 일 -척 제 번 뇌 -염 4.수 면- 의 구 - - - -자 환 -안 향
3.금 일 -척 제 번 뇌 - - - 염 4.수 면 - -의 구- - - - -자 환 -안 -양
04:20

3. 가지조욕

소리
(1옥타브 아래)
요령(위)
태징(아래)
♩= 120
♩= 90
00:08
00:16
가 지 - 이 - 에 - 이 조 - 후 오 오 요 - 오 - - - - 오 우 오
가 지 조 욕
00:20
사 앙 부 - - - - 오 - - 우 오 우 오 저 엉 사 암 업 자 무 - - 월 호 징 잉 심 임 -
상 부 정 삼 업 자 무 월 호 징 심
00:37
겨 얼 마 - 안 물 자 마 악 과 호 오 - - - - - - - 처 엉 수 - 후 우 우 - 오 - - 오 우 오
결 만 물 자 막 과 호 청 수
00:51
시 이 - - - - - - - - - - - 그 은 엄 요 - 옥 실 트 옥 비 향 - 앙 탕 앙 희 - 이
시 이 근 엄 욕 실 특 비 향 탕 희
01:06
이 일 탁 어 진 - 인 로 오 회 엑 - 마 안 겁 지 이 이 - - - - - 처 엉 저 - 흐 어 흐 - - - - 어 으 엉
일 탁 어 진 로 획 만 겁 지 청 정
01:20
하 아 유 목 옥 욕 지 - 이 겨 어 다 아 - 중 수 - 언 후 우 우 - - - - 워 - 흐 워 호
하 유 목 욕 지 계 대 중 수 언 후 화

4. 입실게 & 목욕진언

♩ = 76
선창
(1옥타브 아래)
요령(위)
북(아래)
태징
후창
(1옥타브 아래)
아 금 이 이 차 아 - - - - 향 타 - 아 앙 수
1.아 금 이 차 향 탕 수
아 금 이 이 차 아 - - - - 향 타 - 아 앙 수
00:12
관 욕 - 고 오 - - 호 - - 온 급 유 - - 정 신 심 - 세 척 - 영 청 - 정
2.관 욕 고 혼 급 유 정 3.신 심 세 척 영 청 정
관 - 욕 - 고 오 - - - - - - 온 급 유 - - - - 정 신 심 - 세 척 - 영 처 어 - 엉 정
00:27
증 이 - 입 지 - 인 고 - 옹 상 라 - 악 향 목 욕 - 지 히 이 인 너 언
4.증 입 진 공 상 락 향 목 욕 진 언
증 이 - 입 지 - 인 고 - - - 옹 상 라 - 악 향 오 옴 - 바 다
옴 바 다

00:41
모 사 니 - - 사 - 아 모 카 - 아 - - - 레 - - 훔
모 사 니 사 아 모 카 아 레 훔
모 사 니 - 사 - 아 모 카 - 아 - - - 레 - - 훔

00:51
오 옴 - 바 다 모 사 니 - - 사 아 모 카 - 아 - - - 레 - 에 훔
옴 바 다 모 사 니 사 아 모 카 아 레 훔
오 옴 - 바 다 모 사 니 - - 사 아 모 카 - 아 - - - 레 - 에 훔

01:04
♩ = 54
rit.
오 옴-바 다 모 사 니 - -사 아 모 카 - 아 - - - 레 - 에 훔
옴 바 다 모 사 니 사 아 모 카 아 레 훔
오 옴-바 다 모 사 니 - -사 아 모 카 - 아 - - - 레 - 에 훔
01:24

5. 관욕쇠

♩ = 63
소리
(1옥타브 아래)
태징(위)
북 (아래)
호적
아 - 금 - 이 이 - 차 아 - - - - 아 향 타 - 앙
1.아 금 이 차 향 탕 수
00:15
과 안 욕 - 고 오 혼 - - 으 - - - - - - 급 유 - -
2.관 욕 고 혼 급 유 정
00:24
신 - 심 - 세 척 영 청 - 정 - 증 이 - 입 진 고 - - - 옹 상 라 악 향
신 심 세 척 영 청 정 증 입 진 공 상 락 향
00:37
오 옴 바 다 - 모 - 사 니 사 아 모 카 - 아 - - 아 레 에훔
옴 바 다 모 - 사 니 사 아 모 카 - 아 - - 아 레 훔

00:48
옴 - 바 다 - 모 - 사 니 사 아 모 카 - 아 - - 아 레 에 옴 바 다 - 모 - 사 니 사
옴 바 다 모 사 니 사 아 모 카 아 레 훔 옴 바 다 모 사 니 사
01:04
♩ = 60
아 모 카 - - - - 아 레 - 에 - 훔
아 모 카 아 레 훔
01:22
♩=92
01:37
01:45

01:54
02:02
02:10
02:21
02:30

02:39
02:54
03:03

03:17
03:26
03:35
03:40
03:50

03:56
04:05
04:12
04:18
04:25

04:32
04:40
04:46
04:51

05:10
05:18
05:24
05:28
05:34
05:40
05:44
rit.
05:56

6. 작양지진언 & 수구진언 & 세수면진언

01:17
구 로오 구로 사 바 - 하 옴 -흐오-- 으흐옴
구 로 구로 사 바 하 옴
01:28
도 도 리 - 구 로 - 구로 사 바 하 -흐아-- 으 으 아
도 도 리 구 로 구로 사 바 하
01:38
5
세 수 - 면 - 흐 어 - 언 지 - 이 - 인 너 어 - 흐 어 - 언 오
세 수 면 진 언 옴
01:49
02:00
옴 사 만 다 바 리 숫제 훔 옴 사 만 다 바 리 숫 제 훔 오 오 -흐오-- 으흐 옴
사 만 다 바 리 숫제 훔 옴 사 만 다 바 리 숫제 훔 옴
02:08
사 만 다 바 리 - 숫 제 후 우 흐-- 오 오 흐 옴
사 만 다 바 리 숫 제 훔
02:18

7. 가지화의

소리
(1옥타브 아래)
♩ = 88
00:10
가 지 - - 이 - - 이 화 - 아 - - 의 으 - - - - - - - 으 으 으 으
가 지 화 의
00:16
제 - 부 - - - - - 울 자 - 흐 아 흐 - - - - 아 으 아 과 안 욕 기 - 이 주
제 불 자 관 욕 기 주
00:28
시 인 심 구 우 - - 우 - - - 저 흐 어 흐 으 - - 어 으 엉 그 음 일 여 - 어 라 으의
신 심 구 정 금 일 여 래
00:41
무 - 상 비 밀 - 지 이 - - 이 - - - 어 - 흐 어 흐 - - - - 어 으 언
무 상 비 밀 진 언
00:50
가 아 지 명 - - 의 워 언 차 일 - - 으 의 위 이 - 다 - 아 으 의
가 지 명 의 원 차 일 의 위 다 의
01:02
3
이 이 - 다 - 아 위 이 위 이 무 진 - 지 이 이 - - - - - 으 흐 으 흐 - 으 - - - - 의
이 다 의 위 무 진 지 의
01:14
영 엉 청 신 - 인 형 부 우 - 자 앙 부 우 - 다 안 부 울 착
영 칭 신 형 부 장 부 단 불 착
01:24
부 우 우 - - 우 - 울 관 - 으 아 흐 - 으 - - 어 흐 언 스 응 전 소 - 복 지 이 - 으 의
불 관 승 전 소 복 지 의

01:35
벼 언 - 성 해 에 탈 지 이 - - - - - 보 - 후 오 후 - 오 - - 오 우 오
변 성 해 탈 지 복
01:45
rit.
고 오 - 오 - 불 여 어 - 라 의 유 우 - 화 - 의 재 다 - 아 라 아 니 이
고 오 불 여 래 유 화 의 재 다 라 니-
A tempo
01:56
그 은 - 당 서 으 으 - - - - 은 녀 - 으 어 흐 - 으 - - 어 으 엄
근 당 선 념
02:04

8. 화의재진언 바라춤반주(I)

9. 화의재진언 바라춤반주(II)

00:25
비 이 로 오 - - 기 이 제 사 바 하
비 로 기 제 사 바 하
00:30
나 아 무 사 아 만 다 못 다 남 오 옴 바 아
나 무 사 만 다 못 다 남 옴 바
00:36
rit.
자 나 비 이 로 오 - - 기 이 제 사 바 하
자 나 비 로 기 제 사 바 하
00:44

10. 제불자

♩= 76
소리
(1옥타브 아래)
요령
제 부울 - - - 우 - 울
제 불
00:14
자 — 흐 아 흐 - 으 - 아 흐 아 지 이 주 기 이 - 주
자 지 주 기 주
00:23
화 아 의 - 이 이 - - - - - 벼 - 으 어 흐 - 으 - - 어 흐 언
화 의 이 변
♩= 90
00:30
무 우 으 의 - - 자 여 어 의 부 우 - 체 에 유 우 - 으 - 의 자 기 고 오 - - - - -
무 의 자 여 의 부 체 유 의 자 기 고
00:43
화 안 시 - 이 에 이 - — 에 - 이 - 인 자 앙 예 저 엉 단
환 신 장 예 정 단
00:51
서 언 정 보 오 오 - - - - 옥 시 이 에 이 - - 에 - 이 이 익
선 정 복 식
01:00

11. 수의진언 & 착의진언 & 정의진언

01:01
바 사 하 세 사 바 하 오 으 어 - - - 어 으 언
01:10
바 호 라 바 사 세 사 바 호 - 으 - 아 으 - 아
01:20
정 으 - 의 - 이 - - - 지 - - - 인 어 언 - 옴 사 만 다
01:30
바 다 라 나 바 다 레 훔 바 옴 사 만 다 바 다 라 나
01:39
바 다 메 훔 바 오 - - - - - 으 어 엄 사 만 다 바 다 라 나
01:50
바 다 메 후 음 바 - - - - - 아 으 으 아
01:58

12. 출욕참성

♩= 90
소리
(1옥타브 아래)
출 욕 - 차 - 으 아 암 서 어 - - 으 - - 어 으 엉
출 욕 참 성
00:13
제 부 우 - — 우 울 - - 자 - 으 아 으 - - - - 아 으 아
제 불 자
00:21
기 이 주 보 - 옥 식 가 아 에 다 안 자 앙 예 에 - 사 암 보 지 자 아 조 온
기 주 복 식 가 예 단 장 예 삼 보 지 자 존
00:36
처 엉 - 이 일 승 지 이 - - - - 이 묘 오 버 - 으 어 으 - - - - 어 으 어
청 일 승 지 묘 법
00:46
처 엉 리 향 - - 욕 다 앙 부 저 엉 다 안 하 압 장 저 — 언 시 임
청 리 향 욕 당 부 정 단 합 장 전 심
00:56
서 보 오 - - - - 저 언 지 - 에 에 예 - 이 - - 에 이 엔
서 보 전 진
01:03

13. 지단진언 & 산화락 & 인성

01:00
3
6
으 응 물 – 현 형 담 저 – 월 – 체 워 어 원 정 좌 아 – – – 보 려 언 –
3.응 물 현 형 담 저 월 4.체 원 정 좌 보 련 대
01:12
5
사 안 화 – 락 – 산 화 – 라 – – – – – 산 화 아 – 나 아 무 – 대 성 인 로 –왕 – 보 오 살 – 나 무 대 성
산 화 락 산화 락 산화락 나 무 대성인로 왕 보 살 나무 대성
01:37
6
3
♩ = 37
인 로 – – – 오 왕 – 보 살 나 무 우 – 대 서 –으 엉 인 로 와 앙 보 사 호 아 알
인 로 왕 보살 나 무 대 성 인로왕 보 살
01:45

14. 인성(나무대인로왕보살마하살)

02:03
에 헤 - - 이 에 - 이 - 에 이 - - - 에 - - - 이 예 - - -
02:21
이 - 이 - - - 에 이 이 - - - 에 - 이 - - 에 - 히 - 이 에 히 이 에 히
02:38
에 으 에 에 - - - 오 우 - 오 - - - 어 - - 어 - 으 - 아
02:54
이 - - - 에 - - 이 - - 에 에 - - 우 - 오 - - - - - - - - - 으 - 아
03:09
이 - - - 에 - - 이 - - 에 - - 우 - 오 - 으 - - - - 으 - 아 -
03:22
이 - - - 에 - - 이 에 - 에 에 - 에 - - 에 이 에 - - -
03:37
이 - - - 에 - - 이 에 - 에 이 이 - 이 - - - 에 이 이 - - - 에 - 으 - - 아 - - 안 - 노

03:51
우 우 - 으 - 으 아 아 - 으 아 으 아 으 아 으 아 으 아--- 에 - 으 으 - 아 -
04:11
아 - 으 아 으 아 으 아 으 아 으 아 - - - 에 - 요 우 - 아
04:22
으 - - - 아 - - 으 - - 아 - 아 - 오 오 - - 아
04:32
이 에 오 - 우 아 에 - 오 아 에 오 아 에 - 이 에 이 오 호 ----으 - 아
04:44
에 이 에 이 에 호 오 아 보 우 - 사 아 - - 으 아 아
04:57
이 예 - 오 - 우 아 예 - 우 아 예 우 아 예 - 이 예 이 아 아 - 으 - - 아 으 아
05:09
예 이예 - 이 예 이 에 우 우 - 아 예 이 에 이 우 -

15. 정중게 & 개문게

♩= 73
소리
(1옥타브 아래)
요령 (위)
태징 (아래)
정 주 우 - 으 어 - 엉 이 - 일 보 증 부 동 래 향 수 운 간
정중 1.일 보 증 부 동 2.내 향 수 운 간
00:16
기 도 오 아 련 야 입 실 예 금 서 으 - 어 으 으 언 개 무 - 으 - 흐 어 으 으 - 언
3.기 도 아 련 야 4.입 실 예 금 선 개 문
00:29
권 박 봉 - 미 륵 - 개 문 견 - 서 가 - 삼 삼 례 무 상 예
1.권 박 봉 미 륵 2.개 문 견 석 가 3.삼 삼 예 무 상
00:38
유 희 이 - - - 법 와 아 - - 흐 아 아 으 앙
4.유 희 법 왕 가
00:49

16. 가지예성

소리
(1옥타브 아래)
소리 후 요령&태징 나옴
♩= 84
가 지 이 - - - 예 이 예 - 서 — 어 - - - 으 어 으 어 으 엉
가 지 예 성
00:18
사 - 으아 앙 라 - 흐아 흐아 흐아아 으 아 위 이 며엉도 유우 - 정 이 인입 저엉단 이 기이 겨엉
상 래 위 명 도 유 정 인 입정 단이 경
00:33
그 음당 예 봉 사 앙보 부 삼 보 자 삼 신 정 각 우 교 영 문 삼 현 십 승 지 존
금 당 예 봉 삼 보 부 삼 보 자 삼 신 정 각 우 교 영 문 삼 현 십 승 지 존
00:47
사 과 이 승 지 중 여 등 기 래 법 회
사 과 이 승 지 중 여 등 기 래 법 회
00:53
득 부 우 향 연 상 삼 보 지 난 봉 겨 어 엉 일 심 이 - 신 례 하 유 보 례 지 계
득 부 향 연 상 삼 보 지 난 봉 경 일 심 이 신 례 하 유 보 례 지 계
01:05
다 주 호 어 - 엉 수 언 후 - - 우 - - - - 아 후 아 호
대 중 수 언 후 화
요령(위)
태징(아래)
01:14

17. 보례삼보

♩= 80
소리 (1옥타브 아래)
요령 (위) 태징 (아래)
보 려 어 에 아 오 - - - 호 으 오 - 아 세 에 이 에 이 - 방 상 주 우
1.보 례 시 방 상 주
00:18
버 오 오 - - 오 - - 신 화 아 시 인 제 부 우 - - - 울 타 보 려 어 에 야 오 호 오 호 으 오 - 오
법 신 제 불 타 2.보 례
00:34
세 에 이 에 이 - - 방 상 주 우 겨 어 어 - - - 장 율 장 노 온 장 제 다 아 - - 알 마
시 방 상 주 경 장 율 장 논 장 제 달 마
00:48
보 려 어 에 야 오 호 오 호 오 아 세 에 이 에 이 - - 방 상 주 우 -
3.보 례 시 방 상 주
01:00
보 오 오 우 오 - 살 - 연 각 성 문 제 스 으 응 가 - 아
보 살 연 각 성 문 제 승 가
01:08

18. 제불자 행봉성회

♩ = 84
소리
(1옥타브 아래)
요령(위)
태징(아래)
제 부 우 – – – 울 자
00:08
행 봉 성 회 이 례 자 존 한 우 – 지 – 심 가 발 난 조 지 상 청 리 단 소 당 부 명 연
00:19
동 하 앙 진 수 각 구 묘 도
00:23

19. 법성게

♩= 88
선창
(1옥타브 아래)
법 성 -원 융 무 이 상 제 법 부 동 본 래 적 무 명 무 상 절 일 체
법성 원융무이상 제법부동 본래적 무명무상 절 일체
요령(위)
태징(아래)
후창
(1옥타브 아래)
원 융 무 이 상 - 제 법 부 동 본 래 적 무 명 무 상 - 절 - 일

00:13
증 지 소 지 비 여 경 진 성 심 심 극 미 묘 불 수 자 성 수 연 성 일 중
증지소지비여 경 진성심심극미 묘 불수 자 성 수연 성 일중일 체
증 지 소 지 비 여 진 성 심 심 금 미 - 묘- - - 불 수 - 자 성 - 수 연 성 일 중 일 _ 체

00:22
다 즉 일 일 체 일 즉 다 즉 일 일 미 진 중 함 시 방 일 체 진 중- 역 - 여 시 무 량
다즉일 일체일즉다즉일 일미진중함시방 일체진중 역 여 시 무량 원겁
다
일 미 진 중 함 시 방 - 일 체 진 중- 역 여 -시 무 량원 겁

00:32
즉 일 념 일 념 즉 시 무 량 겁 구 세 십 세 호 상 즉 잉 불 잡 란 결 별 성
즉일념 일념즉시 무량 겁 구세십세호상즉 잉불잡란결별성
즉 일 념 일 념 즉 시 - 무 량 겁 구 세 십 세 호 상 즉
00:41
초 발 - 심 시 변 정 각 생 사 열 반 상 공 화 이 사 명 연 무 분 별 - - 십 불 보 현
초발 심시변정 각 생사열반상공화 이사명연무 분별 십불보 현
초 발 심 시 변 정 - 각 생 사 열 반 상 공 화 이 사 명 연 부 - 분 별 십 불 보 현 - -
00:50
대 인 경 능 인 해 인 삼 매 중 번 출 여 의
대 인 경 능 인 해 인 삼 매 중 번 출 여 의
대 인 - 경
번 출 여 의 -
00:54
불 사 의 - 우 보 익 생 만 허 공 중 생 수 기 득 이 익 시 고 행 자 환 - 본 제
불사의 우보익생만허 공 중생수 기득이 익 시고행자환 본제
불 사 의 우 보 익 생 만 허 공 중 생 수 - 기 득 이 익 시 고 행 자 환 본 제 -

01:03
파 식 망 상 필 부 득 무 연 선 교 착 여 의
파 식 망 상 필 부 득 무 연 선 교 착 여 의
연 선 교 착 여 의 -
01:07
귀 가 수 분 득 자 량 이 다 라 니 무 진 보 장 엄 법 계 실 보 전
귀 가 수 분 득 자 량 이 다 라 니 무 진 보 장 엄 법 계 실 보 전
귀 가 수 분 - 득 자 량 이 다 라 - 니 무 진 보 장 엄 - 버 계 실 보 전
01:15
궁 좌 실 제 중 도 상 구 래 에 부 도 옹
궁 좌 실 제 중 도 상 구 래 에 부 도 옹 명 위 불
궁 좌 실 제 중 도 상 구 래 예 부 도 옹 명 위 - - - - 불
01:21

20. 괘전게

♩ = 84
소리
(1옥타브 아래)
요령(위)
태징(아래)
제 부 - - - - - 울 대 워 - 언 경
1.제 불 대 원 경
00:11
피 일 겨 - 으 어 - 엉 무 내 예 외 아 양 - 금 이 회 미 모 - 흐 어 - 억 정 사 아
2.필 경 무내 3.아 양 금이 회 4.미 목 정상
♩ = 104
앙 시
시
요령을 흔듦
00:31

21. 수위안좌

소리
(1옥타브 아래)
소리 후 요령&태징 나옴
♩= 80
요령을 흔듦
수 위 - 안 - 흐 아 안 좌 아 - - 흐 으 - 아 으 으 안
수 위 안 좌
00:15
제 부 우 - - 흐 으 -을 자 흐아 흐 - 으 - 아 으 아 사 앙 래 - 승 - 불 섭 수 장 법 가 지
제 불 자 상 래 승 불 섭 수 장 법 가 지
00:31
기 무 우 수 계 이 임 연 - 원 획 - 소 요 - 이 취 좌 하 유 안 좌 지 계
수 계 이 임 연 원 획 소 요 이 취 좌 하 유 안 좌 지 계
00:41
5
다 중 수 어 - 흐 어 으 언 후 우 - 화
대 중 수 언 후 화
요령(위)
태징(아래)
00:46

22. 안좌게 & 수위안좌진언 & 다게

00:31
오 옴 마 니 군 다 니 훔 훔 사 바 하 오 옴마 니 군 다 니 훔 훔 사 바 하 옴 마 니 군 다 니 훔 훔- 사 바 하
옴 마 니 군 다 니 훔 훔 사 바 하 옴 마 니 군 다 니 훔 훔 사 바 하 옴 마 니 군 다 니 훔 훔 사 바 하
오 옴 마 니 군 다 니 훔 훔 사 바 하 오 옴마 니 군 다 니 훔 훔- 사 바 하 옴 마 니 군 다 니 훔 훔- 사 바 하
♩= 76
00:46
배 에 - - - 엑 - 초 - 우 - 오 - - - 임 중 일 미 신 조주 - 상 - 권 - 기 이 - 처 으엉 - 단 -
1.백 초 임 중 일 미 신 2.조주 상 권 기 천 인
01:01
패 에 - - - - 엥 - 자 - 으 - - 앙 석 정 강 - 심 수 원 사 망 려 어 - - - 엉
2.팽 장 석 정 강 심 수 1.원 사 망 령 흘 고 륜
01:12
♩= 92
원 - 사 - 고 우 호 - 온 흘 고 오 - 원 - 사 - 제 에 려 어 - - - - 흘 고 오
2.원 사 고 혼 흘 고 륜 3.원 사 제 령 흘 고 륜
rit.
01:40

23. 거령산-짓소리

♩= 84
소리
(1옥타브 아래)
태징
나 – 무 영 – 산 회 상 불 보 오 – – – – 살
나 무 영 산 회 상 불 보 살
00:12
나 – 무 영 – 산 이 – – – – – – – –
나 무 영 산
00:30
이 – – – – – – – – – –
00:46
이 – – – – – – – – – – –
01:02
이 – – – – – – – – –
01:15
이 – – – – – – – 야 – 하 – – – – – – – – – – – – – – –
01:29
호 – 아 – – – – – – – 어 아 – – 아 아 아 – – – – – 아 –

01:53
5
예 헤 - - 야 - 하 - - - - - - - - - - - - - 흐 으 아 - - 에
02:11
후 - 아 - 예 후 - 아 예 후 - 아 예 후 - 아 예
02:20
이 - 이 이 - - - 히 - - -에 -
02:41
이 - 이 - 에 - 에 - - - - 이 - 이 - 에 이 에 - - - 에 헤 -
02:58
에 히 - - - 이 - 이 - 이 이 - - - 에 - - 히 에 - -
03:17
3
에 - 히 - - - 이 - 히 - - - - 이 - - - 에 - - 히 에 - - -
03:33
3
5
에 - 히 - - 이 - 히 — — 이 - - - - 예 - 히 에 에 -

03:45
5
5
6
이 이- - - 에 - 이 - - 에 - 으 - - 어 - 으 어 영 산 호 오 - 으 - - - 아
영 산 회
3
3
04:00
3
아 - 으 아 으 아 으 아 에 호 오 - - 아 - 하 - - - 으 - 아 - 으 아 으 아 으 아 - - -
04:15
헤 - 오 아 - - - 으 - - - 아 - 흐 - - 아 하 아 흐 - 아
04:26
오 호 오 옹 사 - - 이 에 - - 호 아 예 오 호 아 예 호 아 예 히 예 이
상
04:43
어 허 - - 흐 어 - 어 흐 아 예 이 에 - 이 에 이 에 후 오 - - 아 에 이 후 아 -
05:00
이 나 아 - 무 우 - - - - 오 - - - 여 엉 사 아 - 으 - - - 으 - 안 - 회 - 에
나 무 영 산 회

05:17
사 아 - 으 - - - - - 아 - - - - 안 에 이 에 - - 히 - - 에 에 - 이 에 이 - - - -
상
05:36
차 - 흐 - - - 아 - 아 흐 - - - - - 으 - - - - - 아 이 제 부 울
제 불
05:50
예 우 - - - 아 제 다 아 예 우 - - - 우 아 보 사 알 예 우 - - - - 아 마 하
제 대 보 살 마 하
06:05
사 아 - - - 흐 으 아 알 이 - 에 - - - 후 아 에 후 아 에 - 후 아 에 히 에 이
살
06:21
어 어 - 흐 어 - - 으 어 에 이 에 - 이 에 이 에 후 오 - - 아 에 이
06:33
흐 으

법현(김응기)

1964년 강원도에서 출생하였으며, 1974년 10월 서울 봉원사에서 대운 스님을 은사로 출가하였다. 1995년 동국대학교에서 불교사학 석사 학위를 취득한 이후 원광대학교에서 종교학 석사와 불교학 박사학위를 취득하였다. 현재 동국대학교 한국음악과 교수로 재직하면서, 중요무형문화재 제50호 영산재 이수자, 불교음악연구소장, 코리아나 예술단장, 한국불교 태고종 문화종무특보, 세계문화예술 콘텐츠 교류연맹 이사장, 문화재 전문위원 등을 역임하고 있다. 불교음악과 불교무용 관련 8권의 저서와 50편의 논문을 발표하였으며, 54개국에서 불교문화 공연을 하였고, 2003년에는 영산재학회를 설립하여 매년 국제학술세미나를 개최하고 있다.

또한 그는 인류의 가장 오래된 악보라고 할 수 있는 "각필악보"를 2000년 세계 최초로 발견 하였다. 현재 각필악보가 세계적으로 인정받을 수 있도록 마무리 연구 중이며, 2003년부터는 1,500년 전의 벽화(고구려시대)를 통한 고대 무용의 재현에 노력하고 있다. 아울러 불교의 의례와 미학적인 부분에 대한 연구와 한국의 불교음악과 불교무용의 유형과 전승에 심혈을 기울이고 있다.

더 나아가 2010년부터는 현대 인류학적으로 중요한, 종교간 벽을 뛰어 넘는 "통섭"을 위한 시도를 활발히 하고 있다. 그 첫 번째 시도로서 불교문화의 꽃이라고 하는 "영산재"를 2011년 7월 이스라엘 3개 도시에서 시연했으며, 텔아비브 대학에서 불교문화 세미나를 개최하고 유대교 최고 성직자와의 만남도 가졌다. 다음 행보로 로마 바티칸, 중국 도교 및 불교, 한국의 유교 등 각 종교의 지도자들과 협의하여 "세계 평화 서밋(World Peace Summit)"을 준비 중이다.

홈페이지는 http://www.pompae.or.kr, 이메일 주소는 phpompae@yahoo.co.kr 이다

Pophyun(Kim Eung-ki)

Dr. Prof. Kim Eung-ki (Ven. Pophyun) was born in 1964 at Gangwon region, Republic of Korea. He is entered the Buddhist priesthood at Bongwon temple under Ven. Daewoon in 1974. In the year of 1995, he took a Master's degree in Buddhist Historical science at Dongguk University and another M.A in Science of Religion. And He holds a Ph.D in Buddhist philosophy at Wongwang University. At present, he hold various posts in succession which roles are a professor of Korean Traditional Music department at Dongguk University, the No. 50th Human cultural Asset of complete of Buddhist Chanting and Dance, UNESCO World Heritage Yeongsanjae Planning Republic Relations Executive, a Special Assistant of Korean Taego Buddhist Order Cultural Art Department at the Research Institute of Buddhist Music, a Representative of the World Culture and Art Contents Exchange Federation and a special secretary in the culture and art department of Korea Buddhism Taego Buddhist Order Affairs.

He has written 8 books on Buddhist Music and Dance and present &published 50 theses. He has been performing the Buddhist cultural performances in more than 54 countries worldwide. Furthermore, he established the academic society of Yeongsanjae in 2003 and holds a scientific seminar every year.

Ven. Pophyun is the first man who discovered the 'Gakpil Score' (secret notation of ancient Korean score) which this score is believed to be the oldest musical score ever in human history. Also, from the years of 2003, he devoted himself to study of the Koguryo era's (37 B.C.- A.D. 668) paintings to reproduce the dances from the old Buddhist paintings, especially he goes deep into the study of the aesthetic part of Buddhist dance and Buddhist ritual parts.

From 2010, he has the scheme for "Consilience" among the religions as an anthropological perspective. To move marked in the first step for consilience, he had invitation performances of Yeongsanjae in Israel, a meeting with Judaism Rabbi ISRAEL LAU, and conducted seminar for the subject of Buddhist Culture at Tel Aviv University in July 2011. Moreover for the next step, he is now pushing forward with the plan for World top religious leaders meeting "World Peace Summit" with the leaders of Chinese Taoism, Buddhism, Confucianism, and other leaders of religion. The website of Ven. Pobhyun is http://www.pompae.or.kr and his email address is phpompae@yahoo.co.kr.

불교의식음악 악보 Ⅲ 【관욕의식】
Score of Buddhist Ritual Music III

초판 1쇄 인쇄 2012년 11월 5일 | **초판 1쇄 발행** 2012년 11월 12일
지은이 법현 | **펴낸이** 김시열
펴낸곳 도서출판 운주사
(136-034) 서울시 성북구 동소문동 4가 270번지 성심빌딩 3층
전화 (02) 926-8361 | **팩스** 0505-115-8361

ISBN 978-89-5746-331-4 94220 값 15,000원
ISBN 978-89-5746-328-4(세트)
http://cafe.daum.net/unjubooks (다음카페: 도서출판 운주사)